AF356821

DISCOURS

POUR

LA CONSOLATION

DES COCUS,

PRONONCE' AU SUJET
de Monsieur J. D.

COCU PAR ARREST.

A ROUEN,

Chez J. F BEHOURT, ruë Ecuyere,
à l'Imprimerie du Levant.

AVEC PERMISSION.

(4)

DISCOURS

POUR LA CONSOLATION

DES COCUS.

Domine, mulier quam sociam dedisti mihi, dedit mihi de ligno. Genese Chap. 3.

Seigneur, la femme que vous m'avez donnée pour compagne, m'a donné du bois. *Ces paroles sont tirées du 3. Chap. de la Genese.*

AVoüons, Messieurs, que cet Oracle de l'Ecriture se trouve parfaitement accompli en nos jours, & cette plainte que fit autrefois le malheureux Adam, informé par sa femme même, du criminel entretien qu'elle avóit eu avec le Serpent, convient si bien aujourd'hui aux maris du siécle où nous sommes, qu'il semble à le bien prendre, qu'elle avoit été faite pour eux, mais encore pour son infortune postérité.

En effet, Messieurs, où est l'heureux Epoux? où est ce mari sans pareil? Je ne dis pas dans Paris, dans Lion, mais dans tout l'Univers. Où est, dis-je, ce mari privilégié, qui n'a pas sujet de répéter ces tristes paroles, de proferer cette affligeante plainte, & de dire à Dieu la tristesse & la confusion sur le visage, *Domine mulier quam sociam dedisti mihi, dedit mihi de ligne.*

Avoüons-le donc maintenant, Messieurs, que nous sommes tous les enfans malheureux d'un pere desobéissant & rebelle, que nous avons herité, non seulement de son crime, mais encore de toutes les infortunes qui deshonnorent la face de tant d'honnétes gens, & peut-être celle de la plûpart de ceux qui m'entendent.

Enfin, adressons tous humainement des plaintes à Dieu, ouvrons lui nos cœurs, disons-lui avec l'Ecritu-

re, Domine mulier quam, &c.

Encore, Messieurs, si les Maris outragez par leurs femmes, avoient la foible consolation d'entendre leurs amis, d'entendre leurs voisins & leurs parens plaindre leur sort & leur malheur, ce seroit peut-être une espece de soulagement de se consoler ensemble de la même infortune; mais ô cruelle destinée! ô timidité ridicule! d'un secret à quoi chacun s'étudie pour ne pas avouer lui même l'inpudicité de sa femme.

Telle est la misere des Cocus, qui sont toûjours l'objet de la risée publique, & qu'au lieu d'une tendre & charitable compassion, leurs plaintes, quelques justes qu'elles soient, ne leur attirent jamais que le mépris & la ralleris de ceux qui les entendent, quoiqu'ils soient marquez du même sceau, & qu'ils ayent l'écusson semblable. De forte que la plûpar des hommes sont réduits à gémir en secret sous le poids de leurs cornes, & de dire à Dieu seul, *Domine mulier quam dedisti mihi, &c.*

Ils souff....nt une espece de martyre d'autant plus rigoureux, qu'ils n'osent se plaindre, & qu'ils n'osent rien témoigner de ce qui les affligent. En un

mot, ils font forcez d'étouffer leurs
foûpirs, de devorer leurs larmes & de
renfermer toutes leurs douleurs &
plaintes dans leur fein, n'avoüant qu'à
Dieu feul le fort fatal de leur trifteffe.
Domine, mulier quam fociam mihi, &c.

Certes, Meffieurs, ce feroit n'avoit
point de charité, que de ne point com-
patir à une affliction fi commune, &
d'abandonner ces malheureux dans ce
trifte état ; & l'on peut dire d'eux ce
que difoit le Prophête de Jerufalem
affligé : *Plorantes ploraverunt in nocte
& lacrimæ eorum in maxillis eorum &
non eft qui confoletur eos.* Aujourd'hui,
Meffieurs, que nous voyons qu'elles
font leurs peines par raport à nous-
mêmes, aujourd'hui que nous connoif-
fons leurs fouffrances & l'excès de leurs
miferes, tâchons d'y aporter quelques
remedes, foyons charitables en vers
ces infortunez, puis qu'ils font dans
nous mêmes, puis qu'ils font peut-
être parmi nos Peres, nos grands Peres;
faifons leur voir dans les deux points
de ce difcours deux chofes également
importantes pour leur confolation.

La premiere, qu'ils fe trompent;

que le cocuage n'est pas un si grand mal qu'ils se l'imaginent.

La seconde, que supposé que ce fut un mal, & une honte, ils ont lieu de s'en consoler par le nombre infini de ceux qui partagent avec eux cette infortune : *Consolatione miserorum est habere pares.*

I. POINT.

La plus obscure & la plus chimérique de toutes les idées, au dire des Philosophes, est celle dont nous faisons nous - mêmes un monstre qui produit des effets dans nôtre entendement. La tristesse prend son siége dans le cœur, qu'elle empoisonne le plus souvent dès que nous négligeons les remedes.

Telle est, Messieurs, l'idée & l'imagination du cocuage ; on le regarde comme un mal, parce qu'on le regarde comme une infamie, sans oser s'en plaindre à personne. Cependant il est certain que ce n'est, à le bien prendre, qu'un fantôme dont on s'alarme sans raison, qui ne doit épouventer que les esprits foibles des hommes dont l'imagination est blessée. En effet, Messieurs, je vous demanderois volontiers pour quoi vous faire une honte d'un mal necessaire, & une infamie d'un mal inévitable, un mal qui est essentiellement attaché à la condition d'un Mari, d'un mal enfin qui dépend de l'inconstance & de la legéreté des femmes. Ce n'est donc qu'une illusion à l'égard des hommes qui ne blesse en aucune façon leur honneur & leur réputation ; tout ce qui est involontaire est indifférent, disent les mêmes Philosophes. Or qu'y a-t'il de plus à la mode dans le siécle où nous sommes ? Je vous le demande, pauvres Maris, qui poussez tant de soûpris, qui versez tant de larmes dans les lieux les plus secrets de votre maison, parce que vous croyez être Cocus. Je vous demande, pauvres Jaloux, qui prenez tant de precautions, parce que vous avez peur de le devenir.

Le cocuage est dont involontaire, & certainement quelle absurdité de croire que la réputation d'un Mari dépendant de la vertu de fa femme, & de fon inconftance, qu'on foit moins honnère homme pour avoir une moitié qui aime le chagement, dont le tempérament eft lubrique, & fe fait un ragoût de divers vifage. Malheur, malheur à celui qui s'abandonne aux noirs chagrins de fa jaloufie, & fe met le premier en tête que fon fort eft entre les mains de fa femme, qu'elle peut en fe divertiffant le flétrir d'un éternel opprobre, & que pour le rendre le plus malheureux de tous les hommes, elle n'a qu'à rendre heureux quelqu'un de fes travaux, & chercher ailleurs ce qu'il ne peut être lui donner pour fa fatisfaction & affouvir les paffions déréglées de fa lubricité. Que nous ferions à plaindre, que nous ferions infortunez, & que nous ferions accablez de malheurs & de miferes fi notre bonheur, ainfi attaché à celui de nos femmes, comme la chofe du monde la plus fragile, étoit expofé au caprice de l'amour, & que fans être coupables des defordres de nos infidèles moitiez, nous en fuffions réduits à porter la peine & à fouffrir la honte d'un péché auquel nous n'avons aucune part.

Mais paſſons plus avant, diſons que non ſeulement le cocuage n'eſt pas un mal comme l'on ſe l'imagine, mais que l'on peut dire ſans craindre de tomber dans aucun excès, qu'il doit être conſidéré comme un bien.

Vous ſçavez, Meſſieurs, que ce que les Philoſophes apellent bien, ne renferme que deux choſes, l'agréable & l'utille. Or eſt-il que l'agréable & l'utille ſe renferme dans le cocuage, & par conſequent ſi tous les Maris n'en font pas une heureuſe expérience, qu'ils s'en prennent ſeulement au malheur de leur condition, & non pas aux foibleſſes de leurs femmes, mais à leurs mauvaiſes humeurs, & à la dépravation de leur goût, puiſque plus un chemin eſt frayé, plus il eſt aiſé à tenir.

Je dis premierement que l'agréable ſe trouve dans le cocuage, & pour établir cette vérité, je m'adreſſe à vous, prudens Cocus, Maris diſcrets, qui avez des yeux qui ne voyent point, des oreilles qui n'entendent point, ſemblables à des Divinitez dont parle le Prophête Royal : Dites, paiſibles Epoux, dites ſi vos femmes ſont pour éteindre leurs feux, ſoit pour ménager leur patience, ne redoublent pas toûjours à vôtre égard tous leurs soins & tous leurs empreſſemens : Dites ſi leurs complaiſances ne répondent pas entierement à la vôtre : Dites ſi elles s'aviſent de troubler jamais vos plaiſirs, par de ridicules ſoupçons, par d'importunes demandes : Dites enfin, ſi vous avez lieu de vous plaindre de leurs careſſes, ſi elles ne vous les prodiguent pas, ſi elles manquent jamais de les aſſaiſonner de tout ce que le plus ſévere amour a de plus doux & de plus tendre. Que ſi comme il eſt vrai, une femme ne marque jamais plus de tendreſſe & de reſpect, que lorſqu'elle trahit & le fait Cocu ; concluons, Meſſieurs, concluons que l'agréable ſe trouve dans le Cocuage, & paſſons à l'utilité.

Combien de Cocus, Meſſieurs, combien de Cocus, dont les cornes ſont des cornes d'abondance. Un Cocu n'a point d'autre fond que celui de ſa femme, & point d'autre revenu que des libéralitez qu'elle s'attire.

Celui-ci remplit une charge importante, celui-là occupe un emploi conſidérable, qui ramperoit dans la pouſſiere, ſans le crédit & les attraits de ſa femme. O que de gens trouvent en arrivant chez eux une table magnifiquement servie, qui seroient réduits aux plus minces ordinaires, si leurs Femmes étoient nées avec moins d'appas ou avec plus de chasteté & de continence. Nous qui vous parlons, Messieurs, connoissons de ces infortunez Maris, lesquels à l'ombre de leurs cornes, coulent doucement leurs jours dans les plaisirs & dans l'oisiveté, tandis que le vieux Financier qui entretient leurs Femmes, passe sa vie dans le trouble & dans l'agitation, courant le jour, veillant la nuit, travaillant sans cesse & sans discontinuation pour fournir à l'extrême dépense de celle qui tient son cœur, & pour acheter bien cher la complaisance interessée de celui dont il occupe la place, lequel, bien loin de se plaindre & gémir à l'ombre de ce grand feüillage, sçait bien profiter de l'heure & du moment pour rendre sa maison commode par son absence. Par conséquent l'utile se rencontre dans le cocuage aussi bien que l'agréable : Cela étant, comment ne se pas étonner de la bizarerie de la plûpart des gens qui craignent non seulemnent d'être Cocus, mais qui pour ne les pas devenir, prennent des précautions les plus extraordinaires & extravagantes. Ce seroit ici, Messieurs, l'endroit de vous entretenir profusément si je voulois vous expliquer toutes les inventions dont on se sert aujourd'hui pour profiter d'une beauté, pour idolâtrer de ses beaux yeux, pour approcher cette bouche de corail, sentir de doux emportemens de cette haine, les agréables transports d'un évanoüissement & les soûpirs amoureux d'un combat qui a toûjours le mari aisément pour vainqueur, puisqu'il profite ainsi des lubricitez de sa femme, & bien loin que la jalousie le rende ridicule, bien loin d'être incommode aux aproches de ce Galant, il prend lui-même tous les soins imaginables pour couvrir ce qui se passe par ses honnêtetez, par ses entretiens, par ses protestations de services envers ceux qui la caressent, mais que dis je, cette premiere Partie n'est devenue que trop longue, l'impatience que j'ai de passer à la seconde, me fait envisager cette belle

Femme comme en un second Paradi-
terreftre, puifqu'elle produit avec a-
bondance tout ce qu'un Mari peut
fouhaiter pour paffer heureufement
fa vie, l'or, l'argent, les pr fens,
les coups de chapeaux fe trouvent a-
avec tant de profufion, que l'on peut
dire de lui que fon meilleur héritage,
& que fes revenus les plus précieux
confiftent dans le bois qui couvre fon
chef. Ainfi non feulement le cocuage eft agréable & utile ; mais fupofé,
dis - je, qu'on le regarde comme une
infortune, on devroit au moins s'en
confoler par le nombre infini de ceux
qui ont le même fort.

II. POINT.

J'ai, Meffieurs, une grande vérité
à vous prêcher dans cette feconde
Partie, j'ai à vous faire voir que le
cocuage eft le plus général de tous les
maux, & que s'il eft vrai que le nombre des malheureux foit leur confolation, vous avez tout fujet d'effuyer
vos larmes, & de moderer l'excès du
chagrin qui vous devore.

*Confolatio enim miferorum eft habere
pares.*

En effet, Meſſieurs, vous n'êtes pas les premiers qu'on ait trahis, il y a toûjours eu des Cocus, il y en a maintenant plus que jamais ; & ſi je l'oſe dire, il y en aura juſqu'à la conſommation des ſiécles. Je dis premierement qu'il y a toûjours eu des Cocus ; ſi vous doutez de cette vérité, vous n'avez qu'à conſulter l'Hiſtoire, vous trouverez dans vôtre propre famille & généalogie, que vos ayeuls, vos peres, vos oncles, ont peut-être eu le ſeul bois pour partage de leurs ayeuls, leurs ayeuls, de leurs biſayeuls, & en rétrogadant juſques à pluſieurs ſiécles pour en trouver d'exempts de cet héritage, vous avoüerez que les plus grands Conquerans n'ont pas eu une deſtinée plus favorable.

Agamennon fut ſans doute un très-grand Prince : Les Grecs aſſemblez pour l'éxpédition de Troye, lui donnérent d'un conſentement unanime le commandement de l'armée ; mais dans ce degré d'honneur peut-il éviter le Cocuage ? Vous la ſçavez Meſſieurs, de la même querelle dont il fut vainqueur, il fut la victime.

Pendant qu'il étoit éloigné de ſon

Royaûme, où il expofoit fes jours pour venger l'injure faite à fon frere, fa femme entre les bras d'Egifte lui faifoit le même fort qu'avoit eu l'infortuné Menelaus. Le premier des Céfars ne fut guére plus heureux, étant maître de l'Empire Romain, il ne peut l'être de fa femme, tout couvert de Lauriers il ne fut pas exempt de cornes, & chargé de dépoüilles des cornes, il ne peut empêcher qu'avec le cœur de fon infidèle moitié, on ne lui enleva le bien qui lui étoit peut-être le plus cher & le plus précieux.

Tibere, qui comme remarque Tacite, vit renverfer fes ambitieux deffeins par tant de Rivaux qui lui difputoient l'Empire, ne pût fe garantir de ceux que l'amour de fa femme lui fufcita; ils triomphérent malgré lui de toutes fes prétentions pour éviter le fort d'Agrippa dont il auroit époufé fa femme. Toutes fes prétentions, dis-je, & de toute fa jaloufie n'empêchérent pas que l'infame Julie ne continuât même avec Simptonius, & peut-être avec beaucoup d'autres, les débauches dans lefquelles elle avoit toûjours vécu.

Les habitudes difent fort bien que
les

les Philosophes se contractent par les actes souvent réitérez. Et ainsi il est impossible à une femme naturellement belle, qui aime & qui est aimée, de garder la continence, & ne se pas abandonner aux doux penchans de l'amour : pourquoi joindre à ces exemples ceux de Claudius, d'Othon, & de beaucoup d'autres, & descendre par une suite d'illustre Cocus jusqu'à des avantures dont la mémoire est encore toute récente.

Aussi bien c'est assez insulter aux morts, & là fouiller davantage dans leurs tombeaux, je viens aux Cocus de ce siécle. J'ai dit, si je ne me trompe, qu'il y en a maintenant plus que jamais, & ma raison est un mot qu'il est presque impossible qu'il en ait tant eu : Autant de Maris, dit un Auteur moderne, autant de Cocus, ou bien autant de victimes exposées au cocuage. Ne m'en croyez pas, Messieurs, mais parcourez vous - mêmes tous les états & toutes les conditions, entrez dans la boutique d'un Artisan, celle d'un Marchand, entrez dans l'étude d'un Procureur ou d'un Notaire, dans le Cabinet de l'Avocat, &c.

B

Par tout, Messieurs, par tout vous y
trouverez des cornes, l'Artisan est Cocu par son aprantif, le Marchand par
son garçon, le Procureur & le Notaire par leurs Clercs, l'Avocat par son
Clien, & à l'égard des autres, ne croyez pas qu'il soit plus heureux, ni que
leur qualité soit un titre pour sauver
& pour garantir leur front de feuillage
arboré de ce bois commun à tous les
hommes ensemble, leur qualité ne ser-
vira le plus souvent qu'à faire éclater
davantage leur infortune, & à le rendre pour ainsi dire Cocu de plus grande importance. Tel est, Messieurs, le
sort fatal des Cocus d'apresent, sort
qui pourroit les affliger si le mal n'é-
toit pas universel, & qu'il fut dans le
monde quelque endroit bienheureux,
& quelque lieu privilégié où l'on fut
exempt du cocuage : Mais j'ose dire,
Messieurs, la source du Nil seroit moins
difficile à trouver, la rapidité des plus
coulans ruisseaux & des plus coulantes
rivieres seroient plus faciles à arrêter
que de trouver cette heureuse demeu-
re où les femmes soient entourées d'ob-
jets differens sans en être frapées, &
sans aucune impression dangereuse,

conserveroient leur cœur & leur con-
cupiſſance, pour celui que le Ciel leur
à donné pour Epoux, ſans le partager a-
vec aucun Amant. *Omnia vinci amor*
& nos cademus amori.

Par tout, Meſſieurs, par tout la-
mour aura ſon Empire, par tout il
fait éclater ſon pouvoir, par tout il
plaira à détacher ſa plus fidéle épouſe
des bras de l'époux le plus tendre, le
plus loyal, & le p'us ſincere, & de dé-
truire & effacer l'impreſſion de l'union
conjugale, & à ſéparer ce que le Ciel
a joint par des nœuds les plus ſacrez &
les plus indiſſolubles.

Conſolez - vous donc, Meſſieurs,
d'être d'une ſi illuſtre compagnie, où
vous verrez des Empereurs, des Rois,
des Princes, & les plus grands Poten-
tats n'avoir pû éviter ce ſort ; enfin
conſolez vous ſi vos femmes ne vous
ſont pas fidèles, ſi elles ne s'abandon-
nent aux douces violences de leur tem-
peramment, ſi elles ſuivent le ſecret
penchant qui les portent à chercher
dans de nouveaux Amans de nouveaux
ragouts & de nouveaux plaiſirs, & en
un mot ſi elles trahiſſent & ſi elles vous
couſent ce prétendu malheur, cette

infamie ridicule, & ce fort à la mode, vous font communs avec bien d'autres, vous avez eu des Prédeceffeurs Illuftres, des compagnons de tous les rangs, de tous les âges ; tant qu'il y aura des Maris, il y aura des Cocus. Les femmes ont été infidèles, elles le feront toûjours, le prefent & le paffé nour font garans de l'avenir. Voulez - vous fçavoir ce qui caufe le Cocuage, prenez vous en à vous même, fi vous faites reflexion fur l'impuiffance de vos vieux jours & l'abondance de votre jeuneffe. Ainfi reglez vos lits & vos maifons, & que votre ordinaire n'ait jamais plus de mets que l'autre pour y accoûtumer vos femmes dans le commencement du mariage.

Mais où me porte l'ardeur de mon zéle. C'eft affez parler des Cornes, finiffons ce difcours, qui vous pouroit ennuyer.

Je vous ai montré dans les deux Points qui en ont fait la divifion, en premier lieu, que le Cocuage n'eft pas un mal comme on fe l'imagine. En fecond lieu, fupofé que cela fut, vous en devez être confolé, par le grand nombre de ceux qui ont eu le même fort & qui l'auront tant que le monde fera monde.

Que refte-t'il donc finon que touché de compaffion, preffé du charitable defir de vous tirer des peines où vous êtes Je vous ai fait revenir de votre ancienne erreur : Ne regardez donc plus le cocuage que comme une chofe indifferente, & à vivre d'une telle maniere avec vos femmes & leurs Galans, que leurs plaifirs ne vous faffent plus de noirs chagrins ; que délivrez de tous foins & de toutes inquiétudes, vous puiffiez joüir long-tems à l'abri de vos Cornes du repos & félicité que je vous fouhaitte avec les autres.

Cornua cum cornibus : Cornua fant omnibus,
    Cocu en herbage,
Cocu le refte du tems, hélas ! quel outrage !
    Tu en verras bien d'autres,
Marie-toi & tu feras Cocu comme les autres.

F I N.